AF198911

BoD - Books on Demand

Christian Koch & Stephanie Lutz

Mit Martini in der Badewanne

… oder: Kalamitäten mit Marie

Ein unvollkommenes Liederbuch zum Programm von »Double fou«

Bibliografische Information der Deutschen Nationalbibliothek:
Die Deutsche Nationalbibliothek verzeichnet diese Publikation in der Deutschen Nationalbibliografie; detaillierte bibliografische Daten sind im Internet über www.dnb.de abrufbar.

ISBN 9783751905053

Satz und Gestaltung: Christian Koch & Stephanie Lutz
Umschlaggestaltung: Karl Groß & Christian Koch
Grafiken: Stephanie Lutz & Karl Groß auf Seite 17, 41
Musik: Christian Koch
Fotos: Oliver Jablonski
Herstellung und Verlag:
BoD – Books on Demand, Norderstedt

Copyright © 2020 Christian Koch & Stephanie Lutz
www.double-fou.de

Die Verwendung der Texte und Grafiken, auch auszugsweise, ist ohne Zustimmung der Autoren urheberrechtswidrig und strafbar. Dies gilt auch für Vervielfältigungen, Übersetzungen, Mikroverfilmungen und für die Verarbeitung mit elektronischen Systemen.

Für unsere Zuhörer und jene, die es noch werden.

Für unsere Konzertbesucher als Erinnerung.

Für all jene, die unsere Lieder nachspielen möchten.

Für all jene, die wissen möchten, was auf sie zukommt, sollten sie jemals zu einem unserer Konzerte kommen.

… und für Stephie und Christian

Inhalt

Prolog

Marie liebt die Liebe - total und mit allen Facetten, Höhen, Tiefen, Eventualitäten, Nackenschlägen, Höhenflügen, Abstürzen, Zärtlichkeiten und Verlangen.

Marie pflegt am Wochenende morgens bis gegen zehn Uhr im Schneidersitz im Bett zu sitzen, eine Tasse Kaffee neben sich auf dem Tischchen, ein Buch lesend und nur mit einem weißen Slip bekleidet; manchmal auch nicht mal das. Im Winter ist die Heizung voll aufgedreht, im Sommer steht das Fenster weit offen. Manchmal leistet ihr dabei ein bunter Papagei Gesellschaft. Allerdings ist er stumm.

Marie kommt und geht, wann sie will. Marie ist anwesend - oder auch nicht. Marie kommt auch mitten in der Nacht - unangemeldet. Marie kann verführen, egal wo und immer ein wenig kokett.

Anton hat Glück bei den Frauen. Nicht, dass er besonders gut aussieht, aber er ist galant und weiß, die Frauen zu lesen. Er hört zu, tanzt Tango und sorgt für Überraschungen und Abwechslung.

Anton kämpft für seine Frauen, liebt sie und macht sich manchmal auch zum Löffel. Er hat etwas, das seine Frauen dazu bringt, zu ihm zurückzukommen und sich bei ihm zuhause zu fühlen.

Bekommt die Liebe Krähenfüße und Fettpölsterchen, wird so temperamentvoll wie hitzköpfig gestritten, mit allem geworfen, was es zu greifen gibt.

Danach aber wird sich erinnert an damals, an die wilden Stunden, in der Badewanne, im Garten, wenn der Mond zuschaut und der Wind Geschichten verrät. Anton ist für Zweisamkeit gemacht, hungrig nach Begehren, der Versuchung, der Anziehung und dem Zauber des Spiels.

Marie liebt seine Stimme. Für sie ist sie wie Karamel. Je nach Röstungsgrad von süß bis bitter — bittersüß wie die Zeiten ohne ihn…

Dann schließt sie die Augen und fühlt, wie sich die Härchen an ihrem Nacken durch die bloße Erinnerung aufrichten.

Wenn Anton liebesmunter einen Witz erzählt, wenn er eine Pause vor der Pointe macht, dann zieht er seine rechte Augenbraue hoch. Das ist dann der Moment, wenn sich Marie immer wieder in Anton verliebt und heimlich im Badezimmer das Hochziehen einer Braue übt, was ihr aber nicht gelingen mag.

Anton ist humorvoll, hinreißend blauäugig, einfühlsam und genießerisch, manchmal sogar exzessiv.

Anton ist Anton - ohnegleichen.

Marie ist hedonistisch, kapriziös, großmäulig und verschlossen, impulsiv und nachdenklich, feinfühlig und hart im Nehmen.

Marie ist Marie - unnachahmbar.

Die Zeit mit Marie war nicht nur wild, sondern auch überaus anstrengend. Es war wie 1000 wilde Jahre.

Manchmal ist Marie zeitweise auch wie vom Erdboden verschluckt, keine Kennung ...

Dann packt Anton das Verlangen, obwohl Marie für ihn manchmal ein Brief mit sieben Siegeln ist.

Einmal sagte sie zu ihm: Ich habe sieben Türchen, die siebente bleibt für dich zu.

Siegel oder Tür, Anton knabberte eine Weile an sich herum und akzeptierte. Von nun an hatten beide eine wirkliche intime Vertrautheit, die sie auch gnadenlos auslebten - ein jeder mit seinen Macken und guten Facetten; sie blühten auf.

So wurde aus Marie und Anton - Double fou.

Wie es zu lesen ist:

Weibliche Gesangsstimme
Männliche Gesangsstimme
Beide Gesangsstimmen

11

Double fou

Intro: ¾ ||: Am | Am |Asus2 | Am | Dm | F | Am | Am : ||

  Am | Am | Am | Am |
Etikette geklebt, Nettiquette gelebt
      F | F | Am | Am |
- ein Leben wie schales Bier.
  Am | Am | Am | Am |
Elfmal verrannt und dreimal verbrannt;
      F | | F | Am | Am |
mein Herz hat 'n Bypass von dir.
     Dm | Dm | Am | Am |
Die Seele vertrocknet und Tränen gewischt,
     G | G | Am | Am |
die Begierde steht noch nicht still.
     Dm | Dm | Am | Am |
Du hast mich gefragt und ich hab' gesagt:
   F7+ | F7+ | F7+ | F7+ | E | E | E | E
Dass ich's einfach - so nicht mehr will.

Am |Am | Dm Dm | F| F| Am | Am |
Komm, hab Mut -   sois fou!
Am | Am | Dm | Dm | F | F | Am | Am |
Komm, halt mich fest   - Double fou.

Mein Lippenstift - so rot - ist verschmiert,
das Sektglas sieht furchtbar aus.
Das Kleine Schwarze zieh ich nicht mehr an,
und du ziehst es mir nicht mehr aus.

Die Lust ist verschüttet,
dein Mond scheint nicht mehr,
mein Seufzen ist jetzt ganz still.
Du hast mich gefragt und ich hab' gesagt:
Dass ich 's einfach - so nicht mehr will.

Komm, hab Mut - sois fou!
Komm, halt mich fest - Double fou.

Komm, halt mich fest - Double fou.

Verlangen

Intro: 4/4 | C7+ | Csus4 | C7+ | Csus4 |

C7+ |
Dein Gesicht ist verblasst
Csus2 |
und noch immer Verlangen,
C7+ |
die Seele gewaschen und nass aufgehangen,
Csus2 |
ich denke so gern an den Regenwurm,
       G |G |
wenn er tanzte im Sturm.
  F7+ | C7+ |
Du hast alles gemacht, was unmöglich war,
  F7+ | C7+ |
du hast alles gegessen, was vergiftet war,
  F7+ | C7+ |
du hast alles geglaubt, was der Teufel erzählt,
  Fm | A |
du hast immer nur die wilden Stunden gezählt.

Und du drehst dich im Kreis,
dein Kleid dreht sich mit,
Ballerinas am Fuß, der Wind weht dein Haar
in die Richtung, wo mal die Sternschnuppe war,
doch sie ist verglüht.

Du hast alles gemacht, was unmöglich war,
du hast alles gegessen, was vergiftet war,
du hast alles geglaubt, was der Teufel erzählt,
du hast immer nur die wilden Stunden gezählt.

Der Mond trägt jetzt Brille,
er sieht nicht mehr weit.
Hast du Karos oder Punkte aufm Kleid?
Doch das fahle Gelb macht die Farben kaputt
und nun ist es genug.

Du hast alles gemacht, was unmöglich war,
du hast niemals gefragt, wie's in mein'm Magen war,
du hast immer nur mir einen Scheitel gezogen,
- der Kanarienvogel ist nun ausgeflogen.

Mach's gut, mein Herz und komm gut an,
zweimal im Leben trifft man sich irgendwann,
doch erkennt sich nicht, weil der Mond sagt:
Du, die war es nicht.

Du hast alles gemacht, was unmöglich war,
du hast niemals gefragt, wie's in mein'm Magen war,
du hast immer nur mir einen Scheitel gezogen,
- der Kanarienvogel ist nun ausgeflogen.

Mondeslust

Dick und fett und viel zu hell,
scheint er in mein Fenster rein,
hemmungslos will er egründen,
kann ich auch alleine sein?
Nein, du Mond, mir fehlt die Nähe,
Wärme, eine sanfte Hand.

Doch durch deine gelben Strahlen
fällt mein Schatten an die Wand,
wenn ich mir den Slip ausziehe,
den BH schon in der Hand.
Fragst du, wen ich noch erwarte?
Den, den ich schon lang gekannt.

Den, der weiß, was meine Sinne
dazu rührt, erregt zu sein,
dass ich mich von Neuem öffne,
ihm - in deinem gelben Schein.

Jagdtrieb

Intro: 4/4 Em | G | Am C | Hm | Em | G | Am C | Hm |
Am | G | F F7+ | E | E |

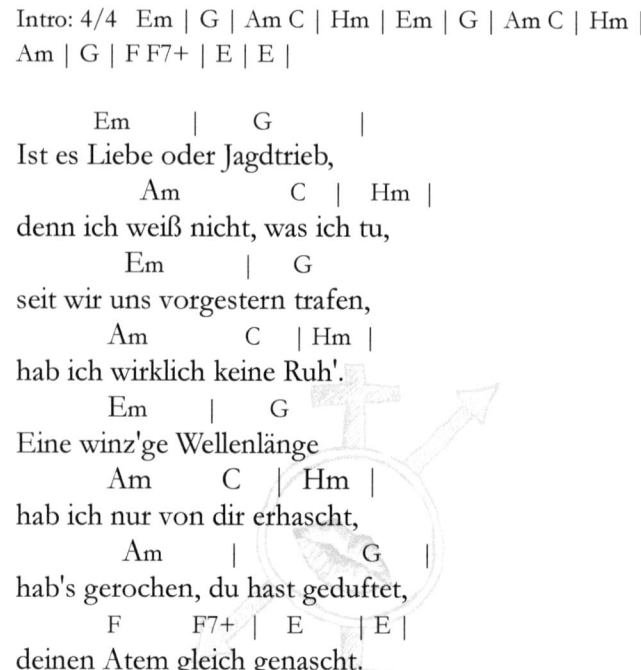

     Em | G |
Ist es Liebe oder Jagdtrieb,
        Am   C | Hm |
denn ich weiß nicht, was ich tu,
       Em | G
seit wir uns vorgestern trafen,
      Am   C | Hm |
hab ich wirklich keine Ruh'.
     Em | G
Eine winz'ge Wellenlänge
    Am   C | Hm |
hab ich nur von dir erhascht,
      Am | G |
hab's gerochen, du hast geduftet,
     F   F7+ | E | E |
deinen Atem gleich genascht.

Große Räume, hohe Fenster,
doch die Scheiben sind so blind,
will jetzt wissen, ob ich jage,
oder 's doch Gefühle sind.
Wünsche mir, es wär nicht dieses
ewig tumbe auf der Pirsch,
wünsche mir, ich wär' ein Hase
und nicht dieser brünft'ge Hirsch.

```
       Am            |              G
Denn dann würd'st du mit mir kuscheln
       F             |        E     |
- deine Achsel riecht so schön,
       Am         |      G        |
würde deine Haare wuscheln,
       F        F7+  |  Am   |
mit dir in die Wanne geh'n.
```

```
Bridge ¾   Am | Am | Am | Am |
 Am  |  G    |   F   |  Em   |
```
Eine winz'ge Wellenlänge
```
 Dm    |   C   |  Hm  |  Em
```
hat den Breitengrad verrückt,
```
 Am    |    G    |   F  |    Em    |
```
kenn' nicht mehr die Koordinaten,
```
 Dm    |    C   |  Hm  |  Em
```
bin vom Atemduft verzückt.
```
 Am    | G  |    F   |    Em    |
```
Habe 1000 schöne Fragen,
```
 Dm    |   C      |  Hm  |   Em  |
```
doch die Antwort kennst nur du.
```
 Am       |     Am         |  G    |      G  |
```
Komm' doch her, schau wie damals
```
                F    |   G   | Am | Am | Am |
```
und mach schnell die Türe zu.

```
Chorus: 4/4 | Em | G | Am C | Hm | Em | G | Am C | Hm
| Am | G | F F7+ | E | E |
```

Du hast mich rausgelockt aus dem Unterholz,
meine Deckung liegt jetzt frei,
deine Augen, ganz schmal, bestrafen mich,
ich rieche schon das Blei.
Mit ruhiger Hand über Kimme und Korn
legst du jetzt auf mich an,
bin kein Hirsch und bin kein Hase,
bin nur noch ein feiger Mann.

Ich hoff', du willst nur kuscheln,
bleib' respektvoll vor dir steh'n,
doch ich hör' dich leise nuscheln:
Woll'n wir in die Wanne geh'n?

¾ **Eine winz'ge** …..

Männer

Weiß der Geier, welche Männer
taub sind oder wahre Kenner,
welche wissen, wie die Frau'n,
morgens früh um vier ausschau'n,
welcher Po die Güte hat,
ob im Tanga oder nackt,
sie mit Grübchen anzuschau'n.

Viele denken, ach die Weiber
haben doch nur andre Leiber,
haben nie ergründen können,
welche Feuer drinnen brennen,
löschen oder nähr'n sie nicht,
trampeln dröge auf der Glut,
balzen wie verklemmte Affen,
zum Erforschen fehlt der Mut.

Manche haben echten Stil,
fühl'n und lieben mit Gefühl.
Von dem Scheitel bis zur Sohle
kenn'n sie erogene Pole,
tauchen ab in tiefe Tiefen,
die die Einsamkeit nur kennt,
holen aus den letzten Winkeln,
was man Zweisamkeiten nennt.

Also ist es nicht egal,
nach dem Motto: Woll'n wir mal?
Sondern Wellenlängenflimmern,
lieben bis zum leichten Wimmern,
und erotischen Spagat,
ganz egal, ob Nacht, ob Tag.

Saufen, rauchen, Möbel rücken,
tut die Männerwelt entzücken,
rasend Katzen überfahren
und die Eitelkeit bewahren,
imponieren und laut hupen,
heimlich in der Kneipe pupen,
riesengroße Sprüche klopfen,
nachtens nehm'n sie Hustentropfen,
jede Szene voll im Griff,
aber nie 'ne Träne zeigen,
ewig geht er, dieser Reigen.

Und das Grübchen lacht so schrill,
- natürlich nur, wenn Marie es will.

Picknick unter'm Apfelbaum

Intro: | |: Em | G | Am | Fism : | |
Em | G6 |A |C7/9 | Em | G | D | Em | Em |

Em | G
Picknick unterm Apfelbaum,
Am | Fism
die Decke ist kariert,
Em | G
dahinter gleich der Gartenzaun,
Am | Fism
der Nachbar ist pikiert.
Em | G6
Denn du thronst im weißen Slip,
A | C7/9 | C7/9 |
verspeist ein Croissant,
Em | | G
am Teich das Schilf wiegt sich im Wind
D | Em | Em |
und auch dein langes Haar.

Das Eis schmilzt schon im Weißweinglas,
die Lider werden schwer,
Krümel von den Croissants
und du rutschst immer näher.
Die Schlange hoch im Apfelbaum,
sie zischelt leis' zu mir:
Nimm den Apfel und beiß rein,
ich kann dann nichts dafür.

```
C          |        G   |
```
Ich zeige euch das Paradies,
```
 D              |        Hm  |
```
doch das ist nicht von hier,
```
 Em              |   G            |
```
träumt doch unterm Apfelbaum
```
 D           |      Em    | Em |
```
- mal sehen, was passiert.
```
 Em                  |   G            |
```
Träumt doch unterm Apfelbaum
```
 D           |      Em    | Em |
```
- mal sehen, was passiert.

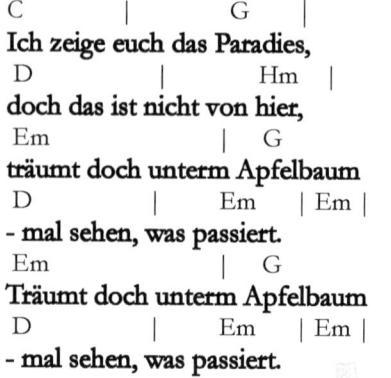

Die Sonne trifft den Horizont,
dem Nachbarn wird es kalt,
die Alte ruft, er dreht sich um,
die Türe heftig knallt.
Du schmunzelst Richtung Gartenzaun,
der Zauber fängt jetzt an,
die Krümel und der Abendwind
- den Rest kennt jedermann.

Ich zeige euch das Paradies,
doch das ist nicht von hier,
träumt doch unterm Apfelbaum
- mal sehen, was passiert.

Träumt doch unterm Apfelbaum
- mal sehen, was passiert.

Nimm dir doch 'nen anderen als mich

```
        Em          D          |     Em          Hm    |
```
Die Laune im Keller und noch halbvolle Teller,
```
 Fism          A          |    Em   |
```
irgendwas mit dir steht schief.
```
                Em          D          |
```
Du machst 'n zynischen Mund,
```
         Em          Hm   |
```
denn die Eieruhr ist leer,
```
     Fism               A          |        Hm    |
```
der Sand ist durch - nichts geht mehr.

```
 C                        D          |
```
Nimm dir doch 'nen andren
```
            Em          |
```
und mach richtig Ballett,
```
 C                  D          |     Em    |
```
vielleicht wird's damit ja auch mal nett,
```
 C                  D          |    Em              |
```
lass die Sau doch raus aufm blanken Parkett,
```
 C                        D          |  Hm  |  Em  |
```
nimm dir doch 'nen anderen als mich.

Meine Laune ist im Keller,
ich schmeiß die vollen Teller
- Eierpampe an der Wand.
Die Scherben meines Herzens
kehrst du mir nicht mehr weg,
die Zeit ist durch - nichts geht mehr.

Nimm dir doch 'ne andre,
dreh die Eieruhr zurück,
fahr mit ihr nach Osnabrück,
manchmal gibt's ja wirklich noch 'n Zugunglück.
Nimm dir doch 'ne andere als mich.

Bäche voller Tränen mit Wimperntusche drin
und du sitzst aufm Sofa und säufst Gin.
Deine braunen Augen,
verschmiert und voller Stolz,
mein Herz hat Stress und es schlägt Kabolz.

Ich sag dir jetzt, 'ne andre ist doch Scheiße,
oder was,
ich will doch keinen anderen als dich.
Ich sag dir jetzt, die Scherben hab ich aufgekehrt,
ich will doch keine andere als dich.

Ich will dich wiederfinden,
meine Lippen an dich binden,
ich will doch keinen anderen als dich.
Wie können wir uns treffen,
ohne uns gleich anzukläffen,
ich will doch keine andere als dich.

Du hast mich gefragt,
und ich hab gesagt,

dass ich's einfach so nicht mehr will.

Komm hab Mut, sois fou!

Komm, halt mich fest -

Double fou.

Mit Martini in der Badewanne

Intro: 4/4 ||: Dsus2 :|| 4x

      Dm | Gm |
Mit Martini in der Badewanne,
      Am | Dm |
das Wasser ist mal wieder zu heiß,
      Dm | Gm |
der Gin kocht das Blut, ein Auge tränt,
      Am | Dm |
der Badeschaum ist so weiß.
          Dm |
Ich hab' Schweiß im Genick

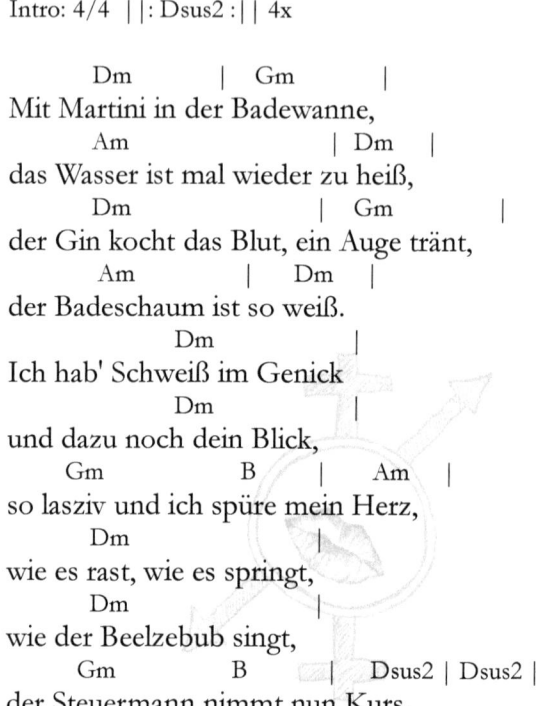

         Dm |
und dazu noch dein Blick,
   Gm   B | Am |
so lasziv und ich spüre mein Herz,
      Dm |
wie es rast, wie es springt,
      Dm |
wie der Beelzebub singt,
   Gm   B | Dsus2 | Dsus2 |
der Steuermann nimmt nun Kurs.

Wir stoßen neu an - die Gläser klirr'n,
die Kerzen flackern im Dunst,
der uns einhüllt in unsrer Badewanne,
wir vertrauen auf des Steuermanns Kunst.

Du hast Schweiß im Genick
und ich seh' deinen Blick
so verträumt und du schaust in mein Herz,
und ich spür' auch die Lust,
ist so eng in meiner Brust,
die Lagune ist des Steuermanns Kurs.

Erschöpft steh' ich da im weißen Morgenrock,
der Abfluss gluckert furchtbar süß.
Nimm die Hand weg von meinem Morgenrock,
küss mir doch mal lieber die Füß'.

Ich hab noch Schweiß im Gesicht
und das nimmt mir die Sicht,
ich hänge schlaff in deinem Arm.
Du bist manchmal so smart
und meinst ich sei apart,
und das alles ist nur Seemannsgarn.

Mit Martini in der Badewanne ...

Double fou - Martini mit Jaborandi

1,5 cl roter Wemut
6 cl Gin
½ Jaborandi-Pfeffer
1 Schuß Zitrone
1 TL-Spitze Kokosblütenzucker
Eiswürfel

Viertelmond-Sonett

Viertelmond, du alte Sichel,
willste nicht mal Leine zieh'n?
Bist nichts Halbes und nichts Ganzes,
bist nicht weg und nicht am Glühn.
Mann, was hab' ich für ein Kribbeln,
tief von unten kommt es her,
doch mir fehlt dein volles Leuchten
und die Lider werden schwer.

Werden schwer, dass ich bald schlafe,
doch du sichelst immerfort,
meine Hand, die fühlt hinüber,
plötzlich einen zarten Ort.
Ach, was fühl' ich - müde Finger,
wachen auf und streicheln sanft,
neben mir ertönt ein Seufzen,
so, wie ich's schon oft gekannt.

Und du Flöte wirst nicht größer,
grade heute bist du schmal,
doch ich sag dir eines nicht:
Na dann v'leicht ein andermal.
Nix da, Freund, denn wenn es kribbelt,
kribbelt es bis hin zum End'.
Und das Seufzen wird schon stärker,
dass ich sag: Mach hoch das Hemd.

Ja, da guckst du, schmaler Blödmann,
denkst nur an den vollen Schein.
Aber Menschen, wenn es kribbelt,
könn' auch sichlig zärtlich sein.

Antons Blues

12/8 G7 | C7/9
Du steigst in meine Träume, ungefragt dort hinein,
          | G7   Gis7 | G7 Fis7-G7-Gis7-G7
wenn ich träume, - was soll das sein?
    C7/9   .Cis7/9 | C7/9 |
Ich träume doch gar nicht von dir,
                  G7   Am7 |
- ich träume von mir und Marie,
  Hm7   B7 |
Rita und auch Sophie,
    D7/9 | Dis7/9 D7/9 | G7
ich träume von all' den Frau'n die du nicht kennst,
          C7/9 | G7   .Cis7/9 | D7/9
drum hau' ab, hau' ab aus meinem Traum.

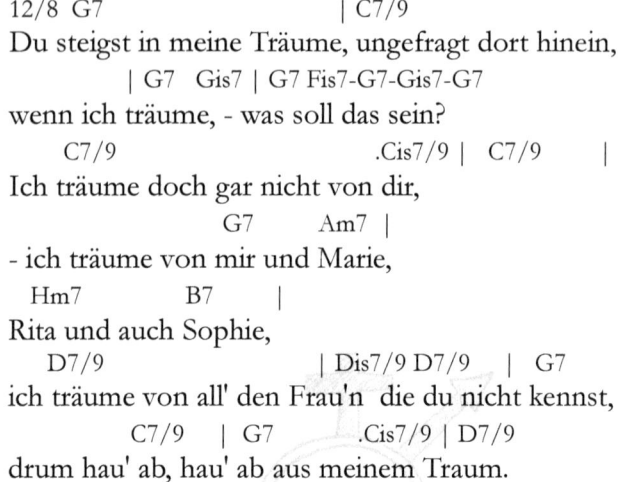

Du steigst in meine Träume, ungefragt dort hinein,
wenn ich träume, - was soll das sein?
Ich träume doch gar nicht von dir,
- ich träume von mir und Ali , Luca und auch Henry,
ich träume von all' den Jungs, die du nicht kennst,
drum hau' ab, hau' ab aus meinem Traum.

40

Ode an den Geschirrspüler

Schlafestrunken in der Küche
klappst du eine Klappe nieder
und der Mond scheint dabei bläulich,
staunt - und dann grinst er bieder.

Fragt sich, was der Sinn vom Tun
nächtens am Geschirrespüler;
eine Wolke nimmt die Sicht
und der Wind wird langsam kühler.

Hast geträumt, es wär dein Auto
und da drin 'ne Kiste Sekt,
wollt'st du raushol'n, weil der auch
in der Nacht bei Mondschein schmeckt.

Und der Spüler - dieser Spieler
- war dann auch total verdutzt,
weil er weiß, in tiefer Nacht,
hast du ihn noch nie benutzt.

Tags, da spielt er viele Spielchen,
rattert, röchelt, vibriert keck,
doch wenn du die Klappe öffnest,
siehst du da noch manchen Dreck.
Soßenmadder an den Gläsern,
manche Teller noch verschmiert,
doch der Spüler - dieser Spieler
- surrt dazu noch ungeniert.

Manchmal denkst du, dass er alt ist
oder wohl falsch eingeräumt,
doch der Mond in seiner Weisheit
weiß, was du des Nachts geträumt.

Also träume ruhig weiter,
steig nicht gleich aus deinem Bett,
denn im Spüler steht kein Sekt
und kein Wein und kein Konfekt.

Wasserverbrauch

Hm   Em   Fis |
Du bist nicht da, ich laufe Achten,
ich lebe fade in den Tag.
So viel Gedanken, so viel Erlebtes,
Hm | G   Fis | Fis
zu viel Erwartung - Gefühle in 'nem Briefumschlag.

Du bist nicht da, es ist so trocken
im Mund, im Auge, auch die Luft.
Ich hab im Hals 'nen großen Brocken,
ich vermisse deinen Honigduft.

Bridge:

Hm   D | Em   Fis |
Kein Wasserverbrauch, die Quelle scheint versiegt,
kein Haarewaschen und keine da, die mich liebt,
des Nachts das Klo ist leer, ich piesel an 'nen Baum
              Hm   D | Em   Fis |
und seit zwölf vollen Wochen - immer nur 'n trockner,
Fis | Hm | Em Fis |
'n trockner Traum.

Ich spare mächtig Geld, ich saufe mich noch blöd,
komm doch her, sei wieder die, die die Hähne
aufdreht,
lass die Wanne wieder voll, lass die Hähne wieder
funkeln,
nimm mich wieder in den Arm,
im Dunkeln bisschen munkeln.

Nächsten Tag große Wäsche, Abwasch, Auto ooch,
putz die Bude, lass es blitzen, treib die
Wasserrechnung hoch.
Lass die Wassertropfen rinnen von der Brust ab übern
Po,
wenn ich sie dir dann abtupfe, bin ich endlich wieder
froh.

Hm   D | Em   Fis
Ich komm zurück zu dir, bohr die Quelle wieder an,
dreh die Hähne auf und tue, was ich machen kann,
dass die Gefühle wieder strudeln, der Strom wird
ziemlich breit
          Hm   D | Em   Fis | Fis | Fis
und in der heißen Wanne sitzen wir dann wieder,
    H (offen) |
wieder zu zweit.

Immer wieder

```
4/4      C        |        G        |
```
Immer wieder deine Hände,
```
         F        |     G        |
```
die ich sanft auf mir verspür',
```
         Am       |        Am        |
```
immer wieder deine Blöße,
```
         Dm       |     G        |
```
dein Bewegen ohne Zier.
```
F                 |     Em                 |
```
Manchmal bin ich gänzlich in dir,
```
Dm               |  Em           |
```
lass der Seele freien Lauf,
```
F                 |        Am        |
```
salzig schmecken deine Tränen,
```
         G        |     Am        |
```
die ich wieder gierig sauf'.

Salzig schmecken meine Tränen,
wenn ich wieder von dir geh',
was zurück bleibt, ist ein Sehnen
von der Kopfhaut bis zum Zeh.

Immer wieder dieses Kribbeln
wenn uns 're Entfernung wächst,
immer wieder diese Hoffnung,
dass du mich erneut bedeckst.

46

Dass du mich erneut bedeckst
mit den zärtlich warmen Küssen,
dass du die Begierde weckst,
- oh ich möcht' sie niemals missen.

Immer wieder deine Hände,
die ich sanft auf mir verspür',
Wärme ohne Ende,
kommt dann tief aus mir.

Du, ich hab dich lang' nicht geküßt

4/4   Em | Em | C | H7 |
Du, ich hab' dich lang' nicht geküßt,
 Em | Em | C | H7 |
du, weißt du überhaupt noch, wie das ist?
 Em | Em | C   H7 |
Du, - hast mich so lang' irritiert,
 Em | Em | C   H7 |
und ich, ich hab' Dich nicht mal verführt,
  A7 | H7 | Em |
- dazu fehlte mir der Mut.

    G | D |
Hab' Sand in meinem Herzen
    C | Em |
und Bienen im Bauch,
    G | D |
im Hinterkopf sind Schmerzen,
    C | H7 |
die Küche riecht nach Lauch,
    G | D |
die Suppe ist versalzen,
    C | H7 |
und Du, Du bist so schön,
  G | D | C | H7 | Em |
warum, warum willst du jetzt schon geh'n?

Du, ich hab' Dich lang' nicht geküßt,
und Du, hast Du mich wenigstens vermißt?
Manchmal suchen wir im Sternenmeer
und der Wahnsinn geht immer neben uns her,
und Du - bleib bitte Du.

Hab Sand in meinem Herzen
und Bienen im Bauch,
immer noch die Schmerzen
und Zigarettenrauch,
kräuselt von der Kippe,
die du ganz lässig hältst,
warum willst du jetzt schon geh'n?

Du, ich hab' Dich lang' nicht geküßt,

Du, ich weiß überhaupt nicht mehr, wie das ist,
doch - ich hab' noch den Geschmack
von damals im Mund
so bitterherb, doch auch blumig und schön
- so schmeckst nur Du.

Hab' Sand in meinem Herzen
und Bienen im Bauch,
der Mond scheint wie ein Affe,
vielleicht bin ich das auch.
Du, Du stehst da hinten,
ich kann Dich kaum noch sehn.

Warum willst Du jetzt schon gehen?

Strand-TraumOde

Marie hat geträumt, sie haben getanzt,
der Anlass war ihr nicht bekannt.
Doch die Beschwingtheit der Drehung war sanft,
und auch ihre warme Hand,
die locker auf seiner Schulter lag
- alles war flüssig, vereint.
Und sie spürte das Damals
- als alles begann -
zaghaft hat es gekeimt.

Sie spürte den Wind, denn sie waren am Strand,
wie er sagte: Es ist so schön
mit dir und mit ihm und uns und dem Mond
und der Sonne beim Untergeh'n.
Sie spürte die Wärme, nicht nur vom Dreh'n,
die Wärme von ihm zu ihr,
und mitten im Dreh'n, da wurde ihr klar,
wie wertvoll ist dieses Gespür.

Wie wertvoll - erkennt sie sich doch in ihm
- und die Drehung beschwingt ihre Sicht,
ein wenig erweitert und sinnlich, sie weiß:
Ohne ihn wär es so nicht.
Sie wäre genau so apart und so schlank,
doch unausgefüllt, manchmal leer.
Mit ihm kam das Fühlen zurück und der Wunsch:
Mit ihm, da will sie noch mehr.

Der Wind lehrt sie Träume
und der Schlaf bringt sie her,
Marie wälzt sich ruhelos rum.
Der Wellenkamm Schäume
und die Salzluft vom Meer,
und manchmal, da fehlt ihr der Mumm.
Der Mumm alte Ängste in sich zu besiegen,
zu zertreten und lachen dabei.
Anton ist weiter und hält an ihr fest,
und das macht auch sie bald so frei.

So frei, dass der Wind sagt,
wo auch immer sie sind
- nur sagt: Es ist so schön
mit dir und mit ihm und uns und dem Mond
und der Sonne beim Untergeh'n.
Der Wind geht fort, erlischt und kommt wieder
- sie halten sich bei der Hand.
Und der Mond sagt: Ich möchte euch tanzen seh'n,
ihr tanzt beide so galant.

Ihr tanzt auf dem Drahtseil und auf dem Parkett
und manchmal auch auf dem Eis.
Gesucht und gefunden, gespürt und geliebt
- und alles hat seinen Preis.
Ich habe geleuchtet, bin auch mal verschwunden,
ich bin nicht sehr weise, nur der Mond.
Und der Wind kommt auf und streichelt sie leise
und sagt: Es hat sich gelohnt.

Busenlied

4/4 Em | Fism |

Schön ist's zarte Haut zu spür'n

 G | Am |

und darüber die Sinne verlier'n.

Em | Fism |

Weiche Wärme in gewölbter Hand,

 G | Am |

bringt den Herzschlag bis an den Rand

Em | Fism |

der Beherrschung, und um so mehr,

 G | Am |

verschwimmt all das Treiben um mich her,

Em | Fism |

die Faszination nackter Haut,

      G | Am ..   Am7 Am | Am.. Am7 Am |

und ich spüre, mein Blut klopft so laut.

Dm   Cm | Gm   Fm |

Kleine Busen und große Busen

 Em | Dm.. Dm 7 Dm |

wippen froh übers Land,

   Dm   Cm | Gm   Fm |

und fasst du ganz kess unter lose Blusen,

 Em | .G .F   Am |

dann spürst du sie sanft – in der Hand.

Schön ist's in lauer Nacht,
nachdem man das Blut zum Kochen gebracht,
sich auszuru'hn an sanftem Ort
und zu träumen fort und fort.

Kleine Busen und große Busen
ruhen sanft in der Hand,
und erwecke ich sie mit kosendem Schmusen
wippen sie - wieder froh übers Land.

1000 wilde Jahre

```
4/4 D       |  Fism    |   G    |  A  |
```
1000 wilde Jahre ohne Ende,
```
 D            |   Fism        |   G   | A |
```
Du, ich hab' noch immer nicht genug.
```
 D            |   Fism      |   G   | A |
```
1000 Jahre sind wir nun zusammen,
```
 D            |   Fism      |   G   | A |
```
haben gelacht, haben geweint und uns geliebt.
```
 D            |   Fism      |   G   | A |
```
Dein Haar, das riecht wie Zimt und Mandeln,
```
 D            |   Fism      |   G   | A |
```
ich spür's im Mund, wenn du auf mir liegst,
```
 D            |   Fism      |   G   | A |
```
das Gefühl, das du mir gibst, ist ohne Ende,
```
 Fism    |   A        |    D    |
```
1000 Jahre sind noch nicht genug.

1000 Träume haben wir verwirklicht,
und auch 1000 Träume haben wir verlor'n.
1000 Jahre und kein bißchen weise,
allzu viel haben wir mit Tränen fortgespült,
Salz auf uns'ren Lippen nach den Küssen,
da haben wir die Angst gespürt.

Manchmal hast du mich auch vergewaltigt,
die Augen katzengleich doch zärtlich deine Hand,
1000 Flüsse strömten unvergleichlich,
der Steuermann hat das schon gekannt.

**Die Segel hoch, mein Schatz, du als Fregatte,
ich hol' dich kiel, wir tauchen ganz tief ab,**

**die Finsternis ist grün wie deine Augen
und in der Wüste wartet noch ein Schatz.**

Sommerwind

4/4 F7+ | G6 |
Sommerwind, du alte Drecksau,
       F7+ | G6 |
willst nicht spielen und nicht kühl'n,
F7+ | G6 |
lässt nicht mal 'ne kühle Brise
F7+ | G6 |
rüberweh'n zum Besserfühl'n.
      C | G |
Dass der Duft auf unsern Lenden
     F | Am |
sich zum Abendmond verzieht,
    C7+ | G |
dass die Neugier deiner Hände
     Fm | A |
mich zum Äußersten verführt.

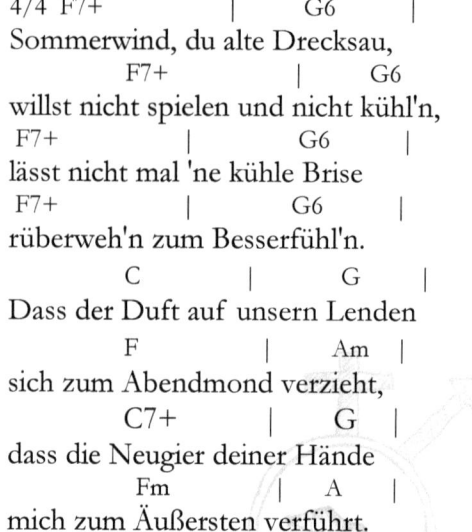

Sommerwind, du alte Drecksau,
wo bist du nur, wenn man dich braucht?
Der heiße Hauch des Andern Atem,
streift daunenleicht noch unverbraucht.
Dass der Seele schwarze Wolken
von uns gehen, weggeweht,
dass die Zweisamkeit in Kühle
auch den Winter übersteht.

```
C                |          G        |
```
Abendmond und keine Brise,
```
 F               |             Am  |
```
Hände, Lende, Duft en gros,
```
            C7+         |       G      |
```
bleib doch weg, Freund Abendbrise,
```
      Fm              |          Am  |
```
der Nachtfalter kommt sowieso.

Abendwind, du raspelst Süßholz,
weißt so viel und schmeichelst gern,
läßt dem Herz 'ne kleine Pause,
ein Schlag mehr vorm Pudels Kern,
weil des Menschen tiefe Sehnsucht
gekettet bleibt an Leutes Sicht,
und des Abendmondes Schein
sich auf Liebesbriefen bricht.

Abendmond und keine Brise,
Hände, Lende, Duft en gros,
fast vergilbte Liebesbriefe,
der Nachtfalter kommt sowieso.

… der Nachtfalter kommt sowieso.

Tango fou

        Dm | Am |
Ich tanze Tango in deinen Armen,
     Dm | Am |
der Schritt ist schnell und du hast kein Erbarmen,
         Dm | Am |
du drehst dich heftig, ich fass dich fester,
    Dm | Am |
wie Tangobruder die Tangoschwester.
        Bm | Fm |
Wir tanzen Tango, nur ich und du,
 G | Am...B | Hm H7|
eng umschlungen unsern Tango fou.

       Em | Hm |
Ich tanze Tango an deiner Wange,
     Em | Hm |
kein Publikum, nur wir zwei in Gange,
     Em | Hm |
ich verstehe nicht so richtig, was du flüsterst,
     Em | Hm |
ich spüre nur, dass es heftig knistert.
        Cm | Gm |
Wir tanzen Tango, nur ich und du,
 A | Hm.. B | Am | A A7 |
eng umschlungen unsern Tango fou.

```
        Dm  Cm |  Hm                      Am  |
```
Wir wispern leise und dann schrei'n wir laut,
```
        Dm                    Cm   |
```
ich hab Angst, dass der Tango
```
        Hm                    Am   |
```
uns aus den Latschen haut,
```
        Dm             Cm |
```
deine Wange ist so heiß
```
            Hm             Am   |
```
und ich habe das Gefühl,
```
        Fm              G            |       Dm    |
```
der Tango ist nicht länger nur ein Spiel.

Wir tanzen Tango, der Boden dreht sich,
uns auszubremsen wäre jetzt vergeblich.
Der Tango führt uns in den Garten Eden
wir dürfen leben, wir müssen jetzt nicht reden.
Wir tanzen Tango, nur ich und du
schwiegend, wissend unsern Tango fou.

Wir wispern leise …

Anton und sein Plattenspieler

Anton hat 'nen Plattenspieler,
draußen tobt ein Sturm,
wirbelt nasse weiße Flocken
und im Ohr, da wohnt ein Wurm.
Dudelt manche Melodei,
dudelt hoch und bässer,
nur das Wetter vor der Hütte
wird dadurch nicht besser.

Aber Antons Laune steigt,
er steht in der Küche,
schneidet Zwiebeln klitzeklein,
niemand hört die Flüche,
die er ausstößt und die Tränen
tropfen auf das Brettchen,
weil der Plattenspieler dudelt,
jemand singt wie'n Frettchen.

Dass ein Frettchen singen kann,
rockig und auch bluesig,
wusste Anton vorher nicht,
die Platte klingt nun schmusig.
Anton freut sich auf Marie,
die von Ferne blinkert,
wenn sie aus dem Hause geht
- dieses ist verklinkert.

Rot wie Herbstlaub sind die Klinker,
aber jetzt ist Winter,
und der Mond läßt sich kaum blicken,
denn er ist da hinter
diesen dicken Graupelwolken,
schütten nasse Flocken,
Anton in der warmen Küche
fängt jetzt an zu rocken.

Füße stampfen, Bassgewummer
und die Pfanne bruzzelt,
das Frettchen singt jetzt einen Jazz
und klingt leicht verhuzzelt.
Wolken zieh'n, vom Sturm verweht,
heller scheint der Mond,
Anton freut sich, auf Marie -
die, die hinter Klinkern wohnt.

Einsamkeit

4/4 Cm | Cm |
Ich hab die Einsamkeit gepachtet,
Cm | G |
hab' sie überall bestellt,
G | G |
hab' sie verschmäht und auch geachtet,
G | Cm |
hab' mir selbst schon viel erzählt.
Cm | Cm |
Ich hab' alles, was ich weiß,
Cm | Fm |
dir in dein Portemonnaie gesteckt,
     | G |
damit du 's liest,
G | Cm |
- doch nichts ist mir geglückt.

Cm | Gis |
Ich hab' dich überall vermutet,
B | Cm |
ich hab' dich überall gesucht,

ich hab' dich immer nur an mein Herz gedrückt,

du warst nie da, doch es ist mir trotzdem geglückt,

ich hab' dich immer nur in einem Traum geseh'n,

ich weiß nicht, wer du bist, - trotzdem war es schön.

Ich hab' die Einsamkeit gekostet
und weiß jetzt wie sie schmeckt,
zuckersüß und bitter- herb,
doch am besten – schmeckt sie flambiert.
Flambiert wie meine Sprüche
in deinem Portemonnaie,
flambiert wie dein Geruch,
wenn ich neben dir steh'.

Ich hab' dich überall vermutet, ...

Ich hab' die Einsamkeit gesehen,
in Weiß, in Schwarz und auch in Rot.
Ich hab' sie kunterbunt vermutet,
oder verschwommen, wie Milchkaffee,
oder bunt wie meine Träume,
wenn ich dich darin seh',
aber aus der Traum,

- du bist nicht da.

Osterblues 2020

12/8 - 72 bpm

Intro: Am E7/9+ | Am E7/9+ | Dm G | Dm G |
    Am E7/9+ | Am E7/9+ |
    F G | Am E7/9+ | F G | Am E7/9+ | E7/9+ |

      Am   E7/9+ | Am   E7/9+ |
Keine Eier im Versteck, die Freundin ist so weit weg,
       F   G | Am   E7/9+ |
und der braune Hase ist heute in Quarantäne.
   Dm   G |
Der Eierlikör schmeckt nach dir,
    Dm   G |
es ist nachmittags um halb vier,
      Am   E7/9+ |
und ich fluch' vor mich hin,
      Am   E7/9+ |
weil ich wirklich sehr bluesig bin.
        F
Niemand weiß überhaupt,
   G | Am   E7/9+ |
wie sehr ich mich nach dir sehne,
      F
denn der braune Hase
  G | Am   E7/9+ | E7/9+ |
ist heute in Quarantäne.

Chorus: Am E7/9+ | Am E7/9+ | Dm G | Dm G |
Am E7/9+ | Am E7/9+ | F G | Am E7/9+ |
F G | Am E7/9+ | E7/9+ |

Zu viel Eierlikör macht mich dick,
wann kommst du denn endlich zurück,
und der Hase weiß auch keinen Rat,
weil er heute nichts zu sagen hat.
Doch ein Zug hält hier auch nicht mehr,
die Gefühlsabteile sind leer.

Der Bahnsteig der Sehnsucht ist heute sehr verwaist,
ich hab' Angst davor, dass der Zug mit dir entgleist,
ja, ich hab' Angst davor, dass der Zug mit dir entgleist.

Eines Nachts

4/4 Am | Am | Am | Am |
Eines Nachts, ich lag in tiefem Schlaf,
Am | Am | Am | Am |
als mich zärtlich berührt',
Am | Am | Am | E7 |
deine Hand, und hat mich verführt.

Du kamst durch die verschlossene Tür,
ich weiß nicht, wie's dir gelang,
auf einmal warst du neben mir,
so nackt und blank.

Am   Cm7| Gm   Bm7 |
Und über uns auf dem Dach,
Am   Cm7| Gm   Bm7 |
machten auch die Katzen Krach,
Am   Cm7| Gm   Bm7 |
sie mauzten und schnurrten dazu,
G | F7+
- ein bisschen auch du.

Ach, war das ein sanftes Auf und Ab,
und wie schön roch deine Haut,
und dann verfielen wir in leichten Trab,
weil schon der Morgen graut.

Und wir trabten bis zum ersten Sonnenstrahl,
bis unsre Kraft fast versiegt,
deine Augen sagten: Noch einmal,
- und du warst so vergnügt.

Erschöpft hielten wir uns an der Hand,
die Sonne wärmte mild und schön,
wir lagen wandelnd an Traumes Rand,
- ich sah' dich nicht geh'n.

Blinde Kuh

4/4 G | D7 |
Manchmal, wenn es dunkel wird,
 C7 | H7 |
spiel'n wir Blinde Kuh,
 G | D7 |
ich knips alle Lichter aus,
 C7 | H7 |
du ziehst die Vorhänge zu.
G | D7 |
Und ich weiß, du versteckst dich gern
 C7 | H7 |
hinterm Kanapee,
 Am7 | Am7 |
manchmal erwisch ich 'n Zipfel
 D | D |
von deinem Negligé.

Manchmal, wenn es dunkel wird,
spiel'n wir Böse Sieben,
wer die schlechtere Karte zieht,
muss den anderen lieben.
Dann mach' ich meine Augen zu,
dass ich dich nicht seh,
manchmal da streichel ich ganz sacht,
deinen großen Zeh.

```
       Em                C     |
Du hast mich immer wieder mal
       G              D     |
mit Überraschung'n irritiert,
            Em              C    |          D  |
ich bin perplex und meine Seele schlägt Kabolz.
        Em     C      |       G         D    |
Du hast dich niemals wie eine Diva aufgeführt,
  Em              | C D | G  |
denn du hast es so gewollt.
```

Manchmal, wenn es dunkel wird,
bleiben wir einfach zu Haus',
wir liegen auf dem Kanapee
und alle Lichter sind aus.
Dann halten wir den Atem an
und fühlen nur noch uns,
manchmal da ist uns, als sei die ganze Welt
auf unserm Kanapee.

Herbstmond

Herbstmond fragt: Was macht die Liebe?
Wird die auch jetzt langsam kalt,
oder schießen noch die Triebe,
wie der Pfifferling im Wald?

Ach, du Zausel, schreit da Anton
tief in 'n dunklen Tann hinein,
schaust mit gelber blanker Rundung
wohl in meine Träume rein?

Leuchtest in die sünd'gen Tiefen
meiner Sehnsucht mancher Tage,
wunderst dich, was du da siehst
und ich mein', was soll die Frage.
Pfifferlinge sind doch Flöten,
schießen nur, wenns Wetter stimmt,
aber gute alte Liebe lodert,
wenn der Stumpen glimmt.

Zigarillo-Stumpen mein' ich
- nicht, was du jetzt wieder denkst,
doch das Gleichnis ist schon richtig,
wenn du deinen Körper lenkst.
Goldmariechen wartet heute,
dass wir Goulasch essen können
und nach einer Flasche Rotwein
darf ich abends bei ihr pennen.

Siehste gelber Herbstenmond,
bald wallt Nebel durch den Wald
und dem gelben Pfifferling
wird es dann wohl auch zu kalt.
Aber Maries Bettendaunen
sind so weich; sie ist so zart.
Komme niemals aus dem Staunen,
immer hat sie was parat.

Also freu dich, heute Abend
kannste in die Hütte scheinen
und ein bischen Stimmung machen,
wenn wir uns verliebt vereinen.
Aber mach daraus kein Drama,
Pfifferlingen wird es kalt,
aber richtig gute Liebe
wird mit uns gemeinsam alt.

Es ist dunkel im Wald

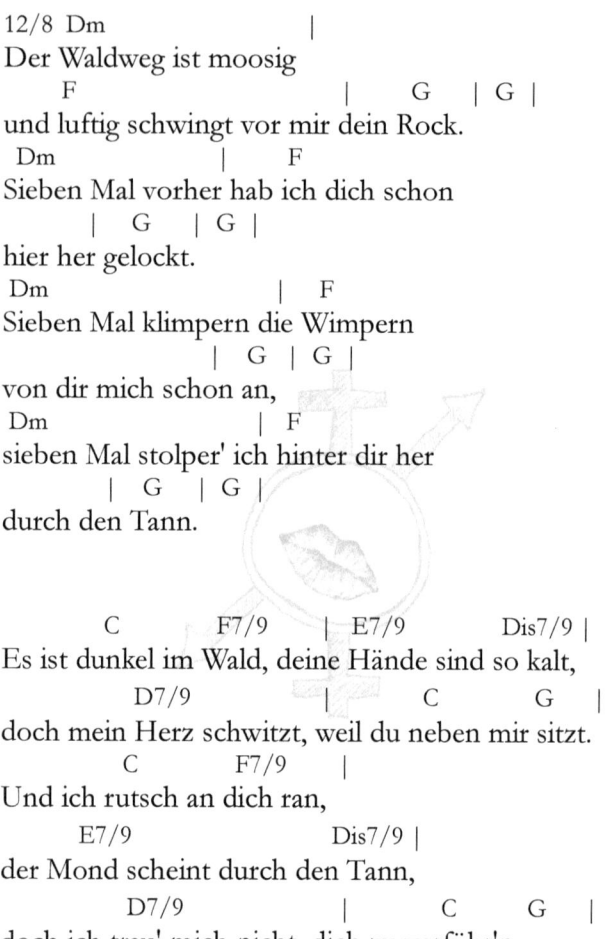

12/8 Dm |
Der Waldweg ist moosig
    F | G | G |
und luftig schwingt vor mir dein Rock.
 Dm | F
Sieben Mal vorher hab ich dich schon
    | G | G |
hier her gelockt.
 Dm | F
Sieben Mal klimpern die Wimpern
        | G | G |
von dir mich schon an,
 Dm | F
sieben Mal stolper' ich hinter dir her
    | G | G |
durch den Tann.

        C   F7/9 | E7/9   Dis7/9 |
Es ist dunkel im Wald, deine Hände sind so kalt,
        D7/9 | C   G |
doch mein Herz schwitzt, weil du neben mir sitzt.
        C   F7/9 |
Und ich rutsch an dich ran,
    E7/9   Dis7/9 |
der Mond scheint durch den Tann,
        D7/9 | C   G |
doch ich trau' mich nicht, dich zu verführ'n.

Die Eule äugt und ich meine, sie lacht mich aus,
es raschelt da hinten 'ne tanzende Waldspitzmaus.
Der Wolf heult im Mondschein,
die Sterne spiel'n Ringelreih'n.
Ich kneif mir die Wange und sag mir:
Jetzt mutig sein.

Und ich tu, was ich kann,
dass ich dich wärmen kann
und ich tu es ganz ungeniert.
Und du nimmst meine Hand
und führst sie dort hin
und nun weiß ich, dass jetzt was passiert.

1000 wilde Jahre
… in der Wüste wartet noch ein Schatz.

Antons Schlafmond

Anton sammelt Holz im Tann,
er will es warm hab'n - kuschlig - dann
kommt Marie zum Abendbrot,
Mondes Sichel leuchtet rot.

Im Ofen bruzzelt schon ein Lamm,
Marie zündet die Kerzen an.
Sie schmausen, trinken roten Wein,
sie schläft in Antons Armen ein.

Des Mondes schmale Sichel guckt,
wie Antons linker Arm leicht zuckt,
Maries Brust bedeckt er nicht,
die leuchtet blass im Mondeslicht.

Der Mond ist nun fast sichlig weg,
und Anton grinst im Schlaf ganz keck.
Er wird noch mal kurz munter
und sieht: Der Mond geht unter.

Blues vom stummen Papagei

```
12/8      E                        |
Du bist von vorne bis hinten
 A                    |  E   | E |
eine ganz, ganz tolle Frau,
 A                              |
du bist von hinten bis vorne
 A                          |   E   | E |
aber auch 'ne ganz, ganz, ganz arme Sau.
 E                              |
All' die Männer, die du hattest,
 A                         |  E   |
die haben doch nur die Marie geliebt,
      C                D      |  E    |
- du hast damals nicht sorgfältig gesiebt.
         D              C       Hm | E |
Und du suchtest immer im Männerallerlei,
 D            C                |
- irre Träume, Darmprobleme,
 Hm          | E   |
stummer Papagei.


            H
Doch unser Bett hat keine Füße,
        A                    |    E                    |
drum laufen wir uns nicht mehr weg.
          H
Ja, unser Bett hat keine Füße,
        A                    |  E   |
drum laufen wir uns nicht mehr weg.
```

Du bist von oben bis unten
ein ganz, ganz cooler Typ
und du denkst von unten bis oben,
ich habe dich unendlich lieb.
Denn die Frauen, die du wolltest,
die haben nicht so richtig getickt,
- du hattest damals einfach nicht so viel Glück.

Und du glaubst immer noch im Männerallerlei
hab' ich dich gefunden - nein - stummer Papagei.
Mann, unser Bett hat keine Füße,
drum läufst du mir jetzt nicht mehr weg.

Ja, unser Bett hat keine Füße,
drum laufen wir uns nicht mehr weg.

Neumond

Mond, wo bist du?, fragt die Liebe.
Ich mach' Pause, sagt der Mond.
Und ich weiß, der Menschen Triebe
hast du doch noch nie geschont.

Schöner ist's schon, wenn ich scheine,
kann man doch die Augen seh'n,
wie sie leuchten, und ich meine,
das erst macht die Liebe schön.

Stimmt, mein Lieber, sagt die Liebe,
du nimmst ab und du nimmst zu,
ebenso der Mensch im Fühlen -
mal bin ich schuld und mal du.

Also ruh' dich aus, mein Bester,
ich lass' Kerzen scheinen heut'.
Du bist Bruder und ich Schwester,
und der Vollmond ist nicht weit.

Stimmt, du Holde, und ich sehne
mich nach hellem vollen Schein,
warte mal noch vierzehn Tage
und ich heiz' dir wieder ein.

Marie - Chérie

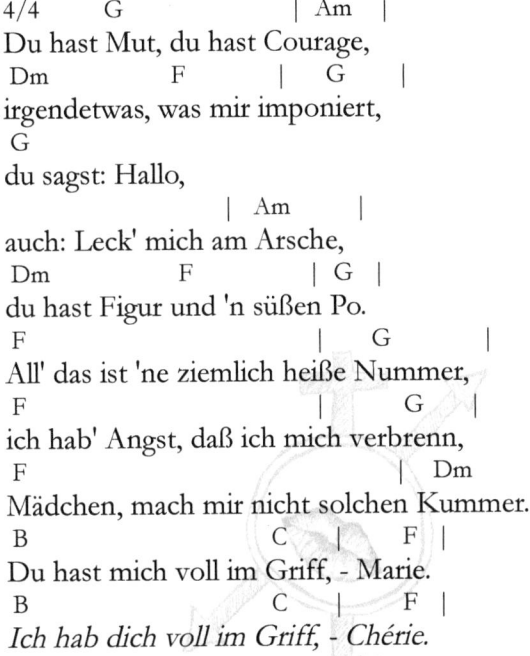

```
4/4      G                    | Am   |
Du hast Mut, du hast Courage,
 Dm          F          | G     |
irgendetwas, was mir imponiert,
 G
du sagst: Hallo,
                    |  Am      |
auch: Leck' mich am Arsche,
 Dm          F          | G  |
du hast Figur und 'n süßen Po.
 F                      |    G        |
All' das ist 'ne ziemlich heiße Nummer,
 F                      |    G    |
ich hab' Angst, daß ich mich verbrenn,
 F                          |  Dm      |
Mädchen, mach mir nicht solchen Kummer.
 B              C    |    F  |
Du hast mich voll im Griff, - Marie.
 B              C    |    F  |
```
Ich hab dich voll im Griff, - Chérie.

Du hast 'n Mund, nicht nur zum Küssen,
manches hätt' ich lieber nicht gehört,
du kannst mich nerven, willst alles wissen,
über die Wahrheit bist du dann empört.

All' die Frauen sind dein ganzer Kummer,
ich hab Angst, daß du mich verläßt,

doch dann schieben wir 'ne heiße Nummer,
Ich hab dich voll im Griff, - Chérie.

Du hast mich voll im Griff, - Marie.

Du ziehst mich aus, bis auf die Seele,
hast mein Innerstes schon annektiert,
du weißt genau, daß ich dir gehöre,
in deinem Arm hab' ich mich nie geziert.

All' das ist für uns wie Blumenerde,
wir blühen auf und werden eins,
wir traben davon wie weiße Pferde,

Ich hab dich voll im Griff, - Chérie.

Du hast mich voll im Griff, - Marie,

Wir hab'n uns voll im Griff - fast nie.

Der Mond im Schlafrock

Der Mond trinkt in seiner Pause zu gerne Caipirinha, muss schwarze Löcher stopfen, bekommt einen Orden und weist letztendlich die Kosmische Kälte in die Liebe ein. Eine lockere Zusammenstellung von Kurzgeschichten, Versen und Liedertexten. Gedanken über das Leben und die Liebe, poetisch verformte Erfahrungen; und nicht zuletzt Skurriles in Verse gefasst. Glaubhafte und fantastische Randerscheinungen des realen Lebens und irrer Träume. Die Einordnung möge der Leser selbst vornehmen.

ISBN 978-3-7322-4050-0
BoD – Books on Demand 2013
www.mond-im-schlafrock.de

Der Mond kocht

Bisher wissen wir, dass der Mond in seinen Pausen
gerne Caipirinha trinkt, schwarze Löcher stopft, die
Kosmische Kälte in Sachen Liebe aufklärt und mit der
kleinen Sterneputzerin poussiert. Nun bringt ihm die
irdische Elfe Hedwig von Kofelder das Kochen bei,
denn Liebe geht auch im galaktischen Raum durch den
Magen.
Von Quittengelee bis Lammbraten beschreibt die
Elfe, wie man es zubereitet - aufgelockert mit elfischen
Versen.

ISBN   978-3-7392-3424-3
BoD – Books on Demand 2016
www.mondkochbuch.de

Kochen wie ein Waldschrat

Der Elfe irdischer Nachbar Erwin Niedermörtel hat im Kampf um die Gunst seiner weiblichen Waldmitbewohnerinnen Suse und Hummel-Berta ein wenig Trübsal geblasen. Was liegt also näher, als dass die Elfe den Waldschrat aufrüttelt und mit ihm gemeinsam seine in Vergessenheit geratenen Kochkünste samt seiner alten Klabache aufpeppt. Als Waldschrat kocht man einfach und herzhaft, ohne Schnickschnack auf dem Teller. Der Mond ist diesmal nur Beobachter - elfische Verse sind die poetische Würze.

ISBN 978-3-7460-3554-3
BoD – Books on Demand 2018
www.mondkochbuch.de